INTELIGENCIA

TODO ES POSIBLE

CONSEJOS PARA PRINCIPIANTES

OPERACIÓN SEGURIDAD

INTELIGENCIA

TODO ES POSIBLE

CONSEJOS

PARA PRINCIPIANTES

© Eduardo García Anguiano /
Operación Seguridad

ISBN: 978-607-98980-6-9

Primera edición: 2023

Impreso y Hecho en México
Printed in Mexico

José Bernechea Iturriaga
bernechea@gmail.com / creatica editorial
Corrección de estilo
Diseño editorial

Portada
Daniela Colunga Arrieta

D. R. Derechos Reservados conforme a la Ley
Registro Público del Derecho de Autor
Literatura

*...para contártelo papá
cuando volvamos a encontrarnos...*

CONTENIDO

INTRODÚCETE

*"... no es por el dinero, ni el sexo ni la fama,
¿entonces por qué?...
porque tenemos fe, creemos en el bien y en el mal...
creemos en la injusticia y la justicia
y optamos por la justicia...",*
Al Pacino en El Recluta.

En el título del libro tienes una pista de lo que encontrarás más adelante: un sendero por el mundo de los secretos para evitar el universo de las indiscreciones.

Tal vez hayas escuchado que una bailarina y actriz, Margaretha Geertruida Zelle, mejor conocida como Mata Hari, fue condenada a muerte por los franceses y fusilada en 1917 por ser agente secreto al servicio de los alemanes durante la Primera Guerra Mundial.

Ella fue una buena muestra de ese mundo de los secretos y lo expresó con estas palabras: "Si alguien dice que me proporcionó información secreta, el delito lo cometió él, no yo".

¿A qué información secreta se refiere "Ojo del día"?, traducción literal del malayo de Matahari, aludió a la información que origina un saber denominado *inteligencia*.

Alcanzar ese saber transita por una serie de fases, un proceso práctico para conocer situaciones de la vida de las personas, de comunidades, de grupos de diverso orden, países, gobiernos y sus relaciones entre sí. Ese saber también se puede obtener de la experiencia, la intuición o la casualidad, aunque no es lo más común.

Si la inteligencia se nos presenta así ¿por qué la actividad de Mata Hari no fue desacreditada cuando trabajaba para Francia y si lo fue cuando lo hizo para el gobierno de otro país? por una tarea que se escribe fácil, pero que en la práctica es muy complicada de llevarla a cabo: era una agente doble.

Si aspiras a convertirte en agente secreto o si vas a iniciar actividades en alguna área de esta materia, como dice el clásico: "...esta es tu misión, si decides aceptarla...", entonces el libro que estás leyendo te ayudará a formar tus primeras ideas sobre la inteligencia.

EL DEBATE

> *"El amor a la patria no conoce fronteras ajenas"*,
> Stanislaw Lec.

- LEGITIMIDAD
- ACTUALIDAD

S i en determinado momento escuchas hablar de la inteligencia o algún tema de ella, serás testigo de pláticas de diversa índole, a veces ciertas, en ocasiones percepciones de sentido común, en otras verdades a medias.

Aquí encontrarás algunos argumentos para responder a la duda de si la inteligencia es una actividad legítima, para pasar posteriormente a comentar sobre su actualidad.

LEGITIMIDAD

Seguramente te vas a encontrar con opiniones de sentido común cuando escuches que no es correcto espiar porque al hacerlo se interviene en la vida y acciones de otros, esta idea es fundamentada en lo moral y siempre tiene una carga despectiva.

Las normas de los países tipifican y castigan al espionaje de diversas formas pues esa actividad lesiona sus intereses. Paralelamente, escucharás decir que es legítima la inteligencia porque tiene una categoría en la legislación de los países.

Veamos ahora un aspecto relacionado que se trata de argumentar si la inteligencia es legítima o no para el desarrollo y sobrevivencia de un país, con ideas inspiradas en el silogismo aristotélico y con los ejemplos de este tipo:

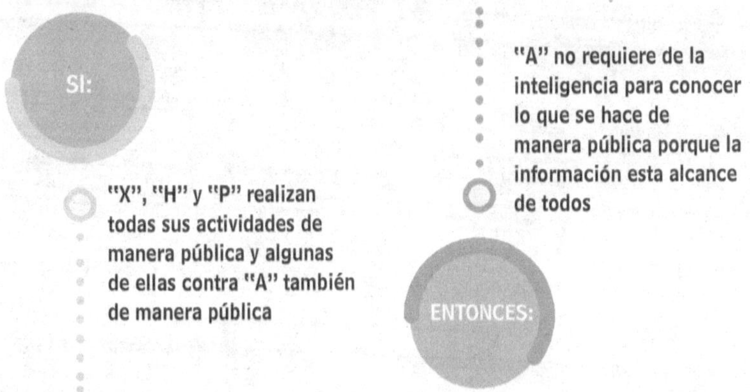

Ahora bien:

Por lo tanto, si te vas a dedicar a las actividades de la inteligencia no dudes de que resultará lógico que tu misión será legítima, pues como peripatético estarás buscando identificar si alguna(s), persona(s), grupo(s) hostil(es) o país(es) ("X", "H" y "P"), están planeando acciones subrepticias[1] o ya las hacen de manera oculta para obstaculizar un proyecto en específico o quieren atentar en contra del país que habitas ("A").

---

1 "Acciones subrepticias" se refieren a operaciones encubiertas o clandestinas llevadas a cabo por agencias de inteligencia o servicios secretos. Estas acciones suelen tener el propósito de recopilar información, influir en eventos o realizar actividades que no pueden ser atribuidas directamente a la entidad que las lleva a cabo. Las acciones subrepticias pueden abarcar una amplia gama de actividades, y suelen estar rodeadas de secreto y confidencialidad.
Algunas acciones subrepticias comunes incluyen:
Espionaje: Obtener información clasificada o sensible de manera encubierta.
Operaciones encubiertas: Realizar actividades secretas para influir en eventos políticos, sociales o económicos.
Desinformación: Propagar información falsa o engañosa para manipular la percepción pública o confundir a adversarios.
Infiltración: Colocar agentes encubiertos en organizaciones o grupos de interés para recopilar información desde adentro.
Ciberoperaciones: Realizar ataques informáticos para obtener acceso no autorizado a sistemas de información.
Acciones encubiertas militares: Llevar a cabo operaciones militares sin revelar la identidad de la entidad responsable.
Estas acciones suelen ser parte integral de las estrategias de inteligencia de los gobiernos y se llevan a cabo para proteger intereses nacionales, obtener ventajas estratégicas o prevenir amenazas. Sin embargo, también pueden generar controversias y tensiones entre países cuando se descubren. Es importante destacar que el éxito de las acciones subrepticias a menudo depende de mantener el secreto y la discreción.

ACTUALIDAD

En la actualidad los servicios de inteligencia no sólo necesitan responder a los problemas heredados, sino también a los retos actuales, de no hacerlo se verían rebasados por el devenir de los acontecimientos.

Primeramente, es recomendable que comprendas los *óbices* que enfrenta el desarrollo de una nación, estos se definen como: "obstáculos de todo tipo (existentes o potenciales, materiales e inmateriales), representando condiciones o coyunturales resultantes de hechos naturales, sociales o de la voluntad humana, que dificultan o impiden la conquista y manteniendo de los Objetivos Nacionales" (Thiago, 1991, p. 37).

Dentro de la clasificación de los óbices que propone el texto citado, actualmente encontrarás a personas y grupos hostiles que buscan espacios de poder factual en un país, no lo amenazan en su existencia a diferencia de la violencia de corte guerrillero, la guerra convencional o atómica, ejemplo de esos grupos son los delincuentes organizados y las asociaciones que practican el terrorismo, sendos objetivos de inteligencia se pueden clasificar como presiones.

¿Cómo podrás conocer las características de los objetivos de inteligencia de antaño y los contemporáneos enunciados? Paradójicamente la respuesta es muy antigua y la encontrarás en las líneas siguientes: "Lo que se ha llamado <información previa> no puede obtenerse de los espíritus, ni de las divinidades, ni de la analogía con acontecimientos pasados, ni de los cálculos. Es necesario obtenerlo de hombres que conozcan la situación del enemigo." (Tzu, 1998, p. 118).

Así es que para conocer a los óbices actuales los servicios de inteligencia han identificado sus fines, ya sean personas o grupos, y para obtenerlos hacen uso de la fuerza mediante tácticas paramilitares, la contratación de mercenarios y la violencia delictiva, esto los lleva a adoptar una actitud hostil para dominar un territorio mediante un control de facto y sobre todo coercitivo.

Esas personas y grupos hostiles han adoptado diversas modalidades organizativas como las estructuras de red, la organización horizontal y/o la combinación de diversas formas asociativas. Se comunican entre sí utilizando los avances de las tecnologías de la información y de las comunicaciones, lo cual difiere radicalmente a la radiocomunicación o mensajería de persona a persona empleada en el pasado inmediato.

Sus modalidades de financiamiento se expresan en recursos provenientes de actividades ilícitas como los tráficos de: estupefacientes y sustancias sicotrópicas, venta y compra de armamento, comercio de migrantes, ejercen la rapacería, las extorsiones contra la población y sobre todo extorsionan a las actividades productivas formales.

Por lo que en estos tiempos comprenderás que las misiones de inteligencia requieren generar productos de lo que se entiende como presiones que ejercen personas y grupos hostiles cuyas características esenciales son:

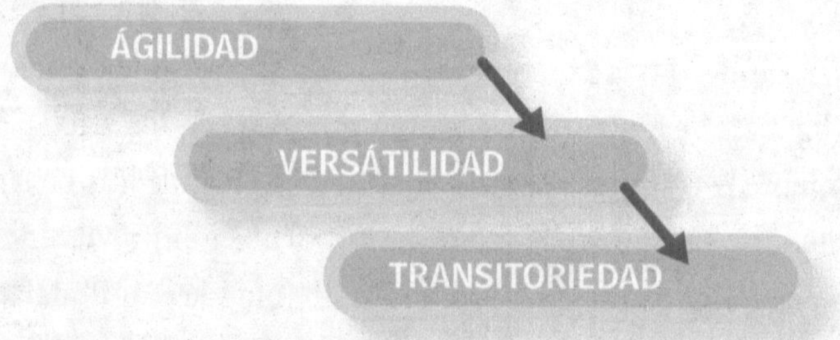

A esas personas y grupos los encontrarás más ágiles porque su movilidad es parte de su seguridad, versátiles porque adoptan diversas formas de lucha y organización, así como transitorios porque pueden cumplir algún objetivo, desmantelarse o desparecer de la vida pública.

Por lo anterior, los objetivos de las misiones de inteligencia actuales son diferentes a los de la segunda mitad del siglo XX cuando los países adaptaron diversos proyectos de nación y para lograrlos tenían que contener la presión de otros. Esto llevó a que con el uso de la fuerza las organizaciones de corte weberiano[2] fueran las protagonistas y cuya caracteriza es ser piramidales y verticales, como los ejércitos o incluso los grupos con tácticas guerrilleras.

Antaño los problemas surgieron como conflictos bélicos que generalmente adoptaron la forma de la guerra convencional empleando sus fuerzas armadas regulares o fueron conflictos contra los grupos guerrilleros y, en ese contexto, los gobiernos para enfrentarlos obtuvieron recursos financieros del presupuesto público o se endeudaron, algunos gobiernos establecieron contribuciones especiales y también se financiaron de la producción y venta de bienes y servicios.

En largos períodos del siglo pasado las misiones de la inteligencia respondieron a las condiciones enunciadas y por lo tanto se dirigieron a objetivos que se presentaron en la escena pública nacional e internacional como:

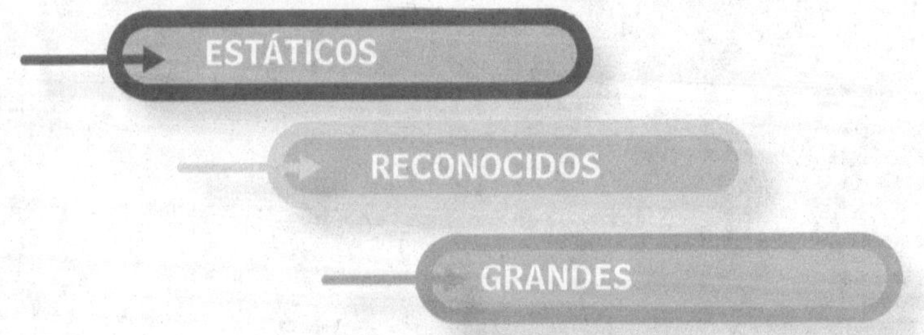

---

2   "Organizaciones de corte weberiano" agencias o entidades que siguen los principios de la burocracia según la teoría propuesta por Max Weber, un sociólogo alemán. Max Weber desarrolló una teoría de la burocracia en la que delineó ciertos principios y características que deberían estar presentes en una organización burocrática eficiente. Estas características incluyen: Jerarquía, División del trabajo, Reglas y regulaciones, Impersonalidad, Carrera y promoción, Separación entre propiedad y administración.

En el contexto de la inteligencia y el espionaje, las organizaciones de corte weberiano aplicarían estos principios para establecer una estructura organizativa clara y eficiente en la recopilación, análisis y utilización de información de inteligencia. Esto podría incluir agencias de inteligencia gubernamentales que se adhieren a principios burocráticos para garantizar la eficacia y la rendición de cuentas en sus operaciones.

Fueron misiones cuyos objetivos de inteligencia eran estáticos porque se conocía su ubicación, sea que fuera un país o un grupo guerrillero, reconocidos porque se identificaba su condición y fines; además grandes porque se trataba de países o de grupos guerrilleros que lograron tomar un gobierno nacional o estuvieron buscándolo por largo tiempo.

Por lo tanto, si vas a realizar actividades de inteligencia en estos tiempos, considera a las amenazas bajo la forma de guerra entre países, conflictos mundiales convencionales o de carácter atómico, como problemas aún posibles y, aunado a ello, tendrás que agregar a esos objetivos de las misiones de inteligencia la generación de productos sobre los óbices contemporáneos[3] contra la consecución de los grandes propósitos de la nación de la que formas parte.

---

3 En el contexto de inteligencia y espionaje, podríamos hablar de "óbices" para referirnos a los desafíos, restricciones legales, problemas logísticos o cualquier otro factor que pueda dificultar la realización de operaciones de inteligencia o acciones subrepticias.

Por ejemplo, los óbices podrían incluir leyes y regulaciones que limitan ciertas actividades de inteligencia, la resistencia o seguridad mejorada de los objetivos, la presencia de contramedidas eficaces por parte de adversarios, o cualquier otro factor que complique la consecución de los objetivos de una agencia de inteligencia. Superar estos óbices puede requerir estrategias creativas, adaptabilidad y, a veces, la toma de decisiones éticas y legales cuidadosas.

PRIMERAS NOCIONES

"La educación es el pasaporte hacia el futuro,
el mañana pertenece a aquellos
que se preparan para él en el día de hoy",
MALCOLM X

- INFORMACIÓN
- INTELIGENCIA
- OBJETIVOS DE INTELIGENCIA
- TIPOS DE INTELIGENCIA
- CONTRAINTELIGENCIA
- MEDIOS DE TRABAJO
- LOS HOSTILES

Siempre es recomendable entender los términos que se usan en cada disciplina, técnica, ciencia, práctica social, cultural o gubernamental; y aplicar correctamente conceptos que tienen un significado dentro de un contexto determinado, y es primordial en el medio de la inteligencia.

La importancia en hacer uso de términos comúnmente aceptados, radica en posibilitar el conocimiento y comunicación de manera precisa, es por ello que debes tener en mente algunas definiciones y nociones empleadas en las áreas de inteligencia y que se describen a continuación.

INFORMACIÓN

Consiste en la materia básica a trabajar dentro del proceso de la inteligencia. La información se te va a presentar de diversas formas, tantas como se comunica dentro del proceso de la generación de la inteligencia, se enlistan algunas de ellas:

La información puede ser calificada de diversas maneras: confirmada, incierta, verídica, falsa, exacta, inexacta, pertinente, en fin; aquí tienes una idea a recordar: la información es la base con la que se inicia el proceso de la inteligencia, esto quiere decir que la información no es lo mismo que la inteligencia.

INTELIGENCIA

Quien se considera el padre de la inteligencia en el llamado mundo occidental, describió el término de la forma siguiente: "Inteligencia, tal como yo la describo, es el conocimiento que nuestros hombres, civiles y militares, que ocupan cargos elevados, deben poseer para salvaguardar el bienestar nacional"[4] (Kent 2019, p. 2).

Existen muchas definiciones más que podrás encontrar en libros de corte académico y en textos oficiales sobre el término inteligencia, no desde el punto de vista psicológico, aquí te agrego una noción de lo que es la inteligencia que resalta la idea de un proceso y su finalidad, se describe así: inteligencia es el resultado de planear, investigar, analizar y difundir la información disponible de uno o más aspectos de factores externos e internos, que actualmente o de manera potencial afectan la estabilidad y vigencia de los intereses de un proyecto.

Por lo tanto, la información al ser analizada genera inteligencia, así irás entendiendo que no son conceptos sinónimos. Si quieres expresar la relación entre información e inteligencia mediante un esquema similar al de una fórmula, tendrías que sería la de la: "Triple I":

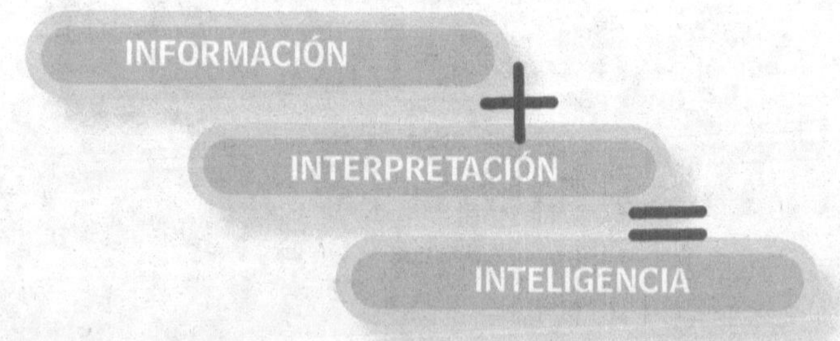

---

4 Sherman Kent (1903-1977) fue un experto en inteligencia y profesor estadounidense. Trabajó en la Oficina de Servicios Estratégicos (OSS) durante la Segunda Guerra Mundial y más tarde en la CIA. Contribuyó significativamente al desarrollo de la teoría y la práctica de la inteligencia, y su obra ha influido en la formación de analistas de inteligencia en todo el mundo. Su definición resalta la importancia del conocimiento necesario para aquellos en posiciones de liderazgo, tanto civiles como militares, para garantizar la seguridad nacional.

OBJETIVOS DE INTELIGENCIA

Es conveniente que el personal de inteligencia conozca los objetivos de la misión asignada. Por lo tanto, tus objetivos de inteligencia los definirán los superiores jerárquicos de la organización en donde te encuentres desempeñando tus actividades.

¿A qué se debe lo anterior? Obedece a los requerimientos de un conocimiento especializado y se establecen al analizar e interpretar la información obtenida y por el significado que guarda con relación al logro de objetivos específicos, así los objetivos de los usuarios de la inteligencia se definen por las consideraciones de la seguridad al conducir las operaciones en la materia.

TIPOS DE INTELIGENCIA

Te vas a encontrar con diferentes categorías para clasificar a la inteligencia, las más habituales se basan en: la temporalidad de su alcance la naturaleza de la organización que la genera, la materia de trabajo y la utilidad que se espera de ella; veamos un poco de esto a continuación.

Inteligencia por la temporalidad del alcance:

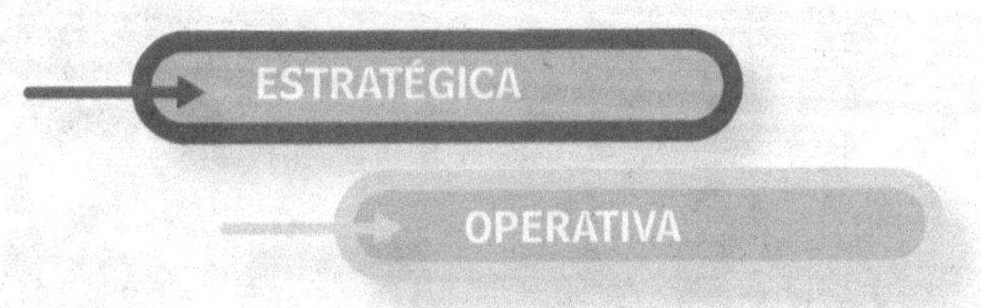

¿Qué se puede entender por cada una de ellas?

- *Inteligencia estratégica:* es el conocimiento especializado para la elaboración de planes de entidades gubernamentales en el ámbito nacional y mundial. Los elementos de la inteligencia estratégica se integran por la información política, social, económica, histórica, científica, cultural, militar, geopolítica e internacional.

- *Inteligencia operativa:* es la generada para la toma de las decisiones sobre los comportamientos existentes y para desentrañar las probables actitudes de personas, grupos hostiles internos o externos y países. Esta inteligencia ayuda a definir medidas de corte preventivo para evitar hechos que afecten a la seguridad o minimizar sus efectos.

Por la naturaleza de la organización que la genera la inteligencia se puede dividir en:

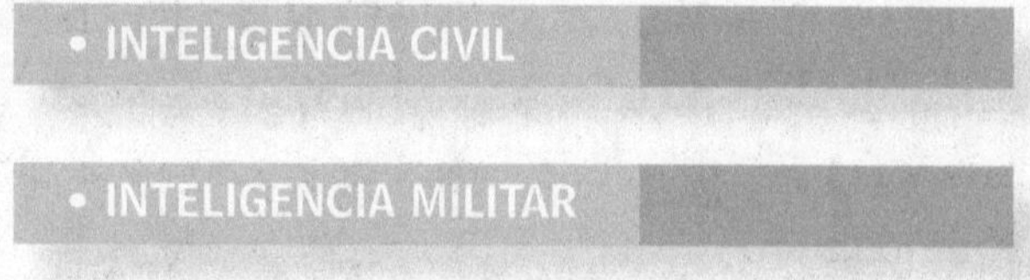

Por la materia de trabajo:

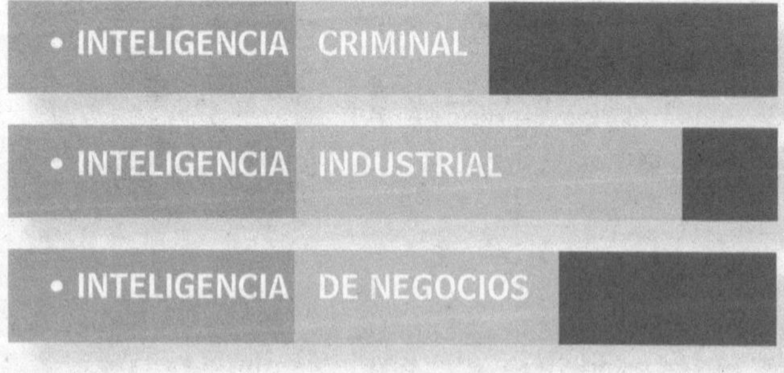

Por la utilidad y período de alcance que se espera de ella la inteligencia puede ser:

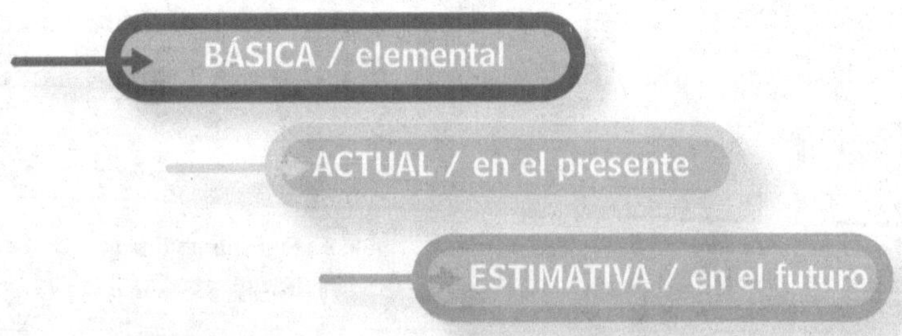

Enlistar las clasificaciones anteriores no indica importancia, prioridad o jerarquía, mas bien tendrás una referencia de la condición o a la variedad de sus fines; cabe enfatizar que la inteligencia por la temporalidad de su alcance se refiere frecuentemente a la seguridad nacional.

CONTRAINTELIGENCIA

La inteligencia necesita de la "otra cara de la moneda": la contrainteligencia, en virtud de que su naturaleza y finalidad consiste en procurar la seguridad de la primera.

La contrainteligencia se cristaliza en la práctica en un conjunto de actividades dedicadas a mermar o neutralizar las operaciones de otros servicios de inteligencia y las actividades de las personas y grupos hostiles.

MEDIOS DE TRABAJO

Es bueno saber que las actividades de inteligencia son orientadas por los aspectos del medio ambiente en que se ejecutan, así como por la disponibilidad de los medios de trabajo de la agencia que los llevará a cabo, por ello ten presente lo siguiente:

- El éxito de las actividades depende de la disponibilidad y fortaleza de los medios de las agencias de inteligencia.

- Para obtener información todos los medios son propicios y se obtiene en la medida de las capacidades de la agencia.

- La información de otras dependencias gubernamentales y de diversas fuentes puede ser útil.

- La ayuda de otros servicios de inteligencia sirve a las actividades propias

LOS HOSTILES

El análisis y la evaluación de personas, grupos hostiles o países es necesario en la inteligencia por su influencia, bajo las circunstancias siguientes:

Si se desea conocer sus capacidades ocultas porque la información resultante ayuda a determinar su naturaleza y así estar en posibilidades de ejecutar acciones de respuesta a sus actividades, explicar la extensión de su influencia y/o neutralizar sus efectos.

Cuando existan intentos de penetración de los hostiles, que regularmente son persistentes, por lo que debe ejecutarse un esfuerzo constante contra el sabotaje, la subversión y el terrorismo y la contrainteligencia adversaria.

Por las anteriores razones, los procedimientos y técnicas de obtención de información varían con la actividad de los objetivos, por lo que deben seleccionarse y adecuarse a su capacidad.

CONOCE TU MISIÓN

*"Para alguien que no tiene objetivos
nada es relevante"*,
Confucio.

- PLANEACIÓN
- INVESTIGACIÓN
- ANÁLISIS
- DIFUSIÓN

Debes entender que el proceso de la inteligencia se integra por cuatro fases, estas a su vez pueden subdividirse o denominarse de distinta manera.

Es difícil encontrar en el desarrollo del proceso un principio y un fin, esto obedece a que se puede introducir información en cualquier fase según se requiera, por ello la palabra ciclo no es la más adecuada para definir las fases de la inteligencia, sino que las explica mejor el término proceso. Por las consideraciones anteriores, cada fase es eminentemente descriptiva para efectos de comprenderla, no para ejecutarla de manera mecánica.

Si vas a ser personal de inteligencia puedes desempeñar múltiples misiones las cuales dependerán de las actividades que se te asignen; veamos cuáles son las fases básicas de un proceso de inteligencia que puede dividirse así:

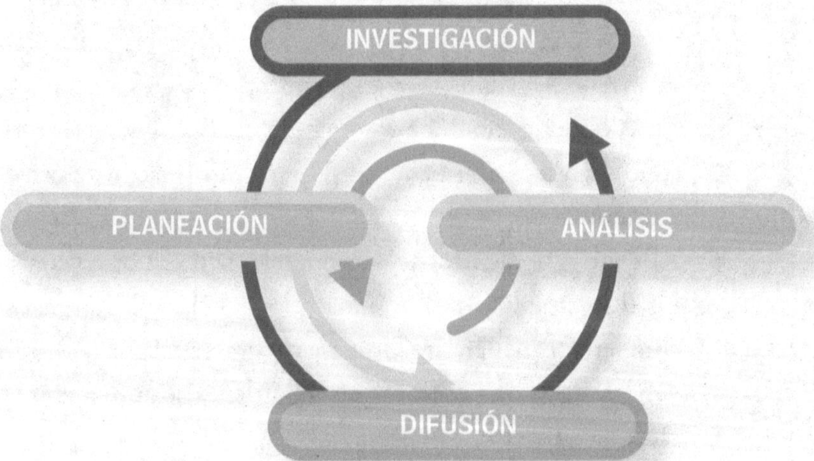

Como este proceso es continuo, al mismo tiempo que la información nueva es obtenida, otra está siendo procesada y la inteligencia está siendo difundida y usada, por lo que podrás planear, investigar, analizar o difundir, según te toque o tengas la oportunidad de escoger.

Puedes describir el proceso de la inteligencia con las principales actividades de sus fases de la forma siguiente:

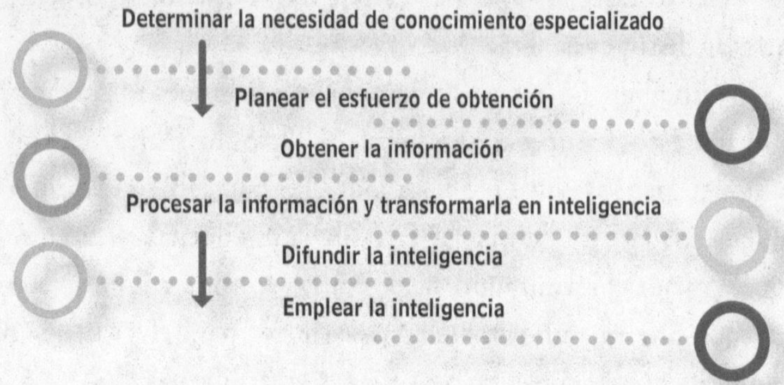

Estas actividades concatenadas entre sí constituyen el proceso que se realiza en la inteligencia cuyos aspectos generales son:

- Una vez determinadas las necesidades de conocimiento especializado, debes planear el esfuerzo de investigación de acuerdo con los objetivos y teniendo presente la ubicación de personas, grupos hostiles o países.

- En la investigación debes tomar en cuenta la relación entre objetivos, necesidades básicas de información y otros requerimientos.

- Al expedirse las órdenes de obtención de información a los responsables de ello y una vez enviadas a los órganos competentes, el encargado supervisará el esfuerzo de investigación para verificar que las órdenes se acaten con la efectividad y rapidez necesaria.

- La información recopilada es procesada y transformada en inteligencia mediante: el registro, la evaluación para determinar si es pertinente, confiable y exacta y, se interpreta para determinar su significado y valor.

- La inteligencia generada la difundirás mediante informes a los usuarios autorizados para la toma de decisiones.

- La inteligencia a su vez es empleada para evaluar e interpretar otra información y proporcionar una nueva dirección a un proceso de operaciones en curso o nuevas.

PLANEACIÓN

Si tu interés radica en un área que se dedique a la planeación es recomendable que identifiques el término, al respecto puedes entender que la "planeación estratégica se refiere al análisis y la metodología que procura el logro de objetivos" (Arellano 2004, p. 72). Ahora bien, en cuanto a la inteligencia la planeación es una tarea que se inicia al recibir una instrucción o para ejecutar un operativo específico.

La planeación se integra por etapas y períodos de trabajo de las actividades a ejecutar, todo ello antes de que el plan se lleve a cabo. El responsable de la planeación de la inteligencia debe establecer la coordinación necesaria para el éxito de las actividades.

Etapas de la planeación

La secuencia de las fases de la planeación de la inteligencia que el responsable puede usar es:

Etapa preparatoria:

- El responsable recibe una directiva o consigna de acción sobre un acontecimiento, una persona, grupo hostil o país.
- Analiza las probabilidades y emite lineamientos de acción con la información disponible al momento.

Etapa primaria:

- Inicia la planeación operativa, administrativa y logística con la información sobre los sucesos y objetivos.
- Determina la seguridad para la ejecución de la operación.
- Proporciona los lineamentos definitivos de la planeación.

Etapa de ejecución:

- Establece lineamientos para obtener la información necesaria que no se tuvo disponible en las etapas anteriores.
- Realiza una estimación de la situación de las personas, grupos hostiles o países, con la valoración de la información disponible.
- Estima otros requerimientos de información o inteligencia para desarrollar las operaciones de investigación necesarias.
- Pide a quienes proporcionan la información que no la valoren.
- Proporciona seguridad en las peticiones a las agencias de apoyo al servicio de inteligencia para prevenir la filtración a los factores hostiles.
- Prepara las acciones de contrainteligencia que proporcionen seguridad a la operación.

INVESTIGACIÓN

Si te vas a dedicar a esta actividad del proceso de inteligencia te servirá esta idea: "Comenzaremos nuestro análisis de los elementos de la inteligencia mediante un examen de la colección de información bruta, la cual luego puede ser correlacionada, analizada y reportada" (Shulsky 1985, p. 10).

Para que tu esfuerzo de obtención de información en la investigación sea eficaz y eficiente requieres:

- Mantener al responsable jerárquico informado sobre la situación y capacidades de los objetivos de inteligencia.
- Acudir a todas las agencias que sean posibles para obtener información de los objetivos.
- Explotar cada fuente de información a la que tengas acceso, el no hacerlo así puede disminuir el conocimiento sobre intenciones movimientos, capacidades o debilidades de los objetivos de inteligencia, ya que una de las dificultades que se presenta está en el comportamiento de los hostiles porque ocultan sus propósitos, capacidades, acciones y planes.

Plan de investigación

Es conveniente que tengas un plan de investigación porque será el instrumento para coordinar e integrar las tareas de obtención de información de las agencias y para que los elementos del área de inteligencia estén informados sobre las actividades de investigación.

El plan de investigación es un medio por el cual el encargado de inteligencia señala:

- Los requerimientos de inteligencia del responsable de mayor jerarquía.
- Las instrucciones convertidas en tareas específicas o solicitudes a las agencias.
- El momento y sitio en que se debe integrar la información.

- Las agencias a las que se puede solicitar información.
- Las formas de coordinación para una eficaz y efectiva obtención de información.
- La supervisión de las tareas de investigación para asegurar el éxito del trabajo.

Agencias de información

Es preciso que sepas a lo que se le llama una "agencia de información", entendida como una organización que explota una fuente de información para obtenerla o procesarla. Cuando no es parte de tu servicio de inteligencia se les opera por medio de solicitudes de información.

Las agencias de información se integran por recursos humanos, materiales y tecnológicos necesarios para obtener y registrar información. No hagas distinción entre las agencias que obtienen información y las que generan inteligencia, debes considerar a todas como agencias.

Después de que determines tus necesidades de información considera para la selección de las agencias las características siguientes:

- CAPACIDAD
- ADECUACIÓN
- MULTIPLICIDAD
- BALANCE

¿Qué se entiende por cada una de ellas?

- *Capacidad*: una agencia debe ser capaz de proporcionar la información deseada.
- *Adecuación*: la tarea de investigación asignada a una agencia debe ser compatible con su objetivo principal.
- *Multiplicidad*: la evaluación de la información requiere que sea comparada con información recibida de otras fuentes y agencias; se puede emplear más de una agencia para obtenerla.
- *Balance*: la carga de trabajo de obtención de la información debe repartirse entre las agencias.

Fuentes de información

Entiende como una fuente de información a la persona o actividad de la cual vas a obtener datos de diversa índole. Las fuentes de información pueden estar o no bajo el control de un servicio de inteligencia. Aquellas fuentes que están bajo control se les denominan generalmente como fuentes cerradas y, a las que no lo están, se les denomina comúnmente como fuentes abiertas.

Las fuentes controladas son de acceso restringido a usuarios autorizados para ello. Las fuentes no controladas son de acceso generalizado, por lo que cualquier persona puede acceder a ellas, forme parte o no de algún servicio de inteligencia.

La selección de una fuente de información es una decisión trascendental. Las fuentes de información incluyen documentos de inteligencia; pronósticos; escenarios; informes económicos, políticos, sociales, militares, científicos, geográficos, cartográficos; u otros materiales de estudio.

Las fuentes de información y agencias que te encontrarás se enlistan en la tabla: *Fuente de Información* (Arreola 2015, p. 20),

con el nombre agregado en español al acrónimo del inglés y empe-
zando por la inteligencia humana:

Acrónimo	Nombre	Objetivo	Medios empleados
HUMINT	Inteligencia humana	Obtener información a través de personas.	Agentes: abierto, encubierto, infiltrado e informante. Asegurado: confesión e interrogatorio.
SIGINT	Inteligencia de señales	Interceptar comunicaciones electrónicas.	Sistemas de intercepción.
OSINT	Inteligencia de fuentes abiertas	Obtener información de fuentes no controladas.	Internet, periódicos, revistas, libros, bases de datos u otro medio de uso generalizado.
GEOINT	Inteligencia geoespacial	Obtener imágenes geográficas.	Satélites, drones u otro tipo de medios.
IMINT	Inteligencia de imágenes	Crear o editar imágenes.	Mediante fenómenos electroópticos.
MASINT	Inteligencia de reconocimento	Obtener información de objetivos específicos no cubiertos por IMINT, SIGINT, HUMIT y OSINT.	Radar, laser, acústica, óptica, infrarroja o radiación.

Ejecución

La ejecución de la obtención de la información tiene cuatro pasos generales que debes identificar y son los siguientes:

- Determinar la información requerida para la toma de decisiones.
- Definir las prioridades en diferentes temas de inteligencia.
- Identificar las actividades o características de las personas, grupos hostiles o países.
- Determinar las órdenes de trabajo específicas para la búsqueda de la información.

El siguiente paso consiste en seleccionar las agencias de obtención de información, preparar y despachar las órdenes y solicitudes de información.

Para que el esfuerzo de investigación sea útil y oportuno es necesario que sea supervisado constantemente y debes saber:

- El objetivo de la tarea.
- El área de operaciones y el medio ambiente.
- La naturaleza de las fuentes de información disponibles, sus capacidades y las limitaciones de las agencias.
- Los pasos en la ejecución del esfuerzo de investigación.
- Las tácticas, organización y características, de los grupos hostiles o países.

Requerimientos

Es conveniente saber que el responsable jerárquico tiene la necesidad de un conocimiento específico sobre diversos aspectos de personas, grupos hostiles y países, para la toma de decisiones.

Los recursos asignados a la investigación deben dirigirse hacia objetivos definidos por las prioridades y generalmente deben reflejar aspectos críticos sobre hechos, actos o eventualidades.

Dentro de los requerimientos de información es necesario considerar diversos puntos que se describen a continuación:

- Elementos esenciales de información cuya calificación se da por la característica crítica de la información de los objetivos y su medio.

- Otros requerimientos de información pueden ser utilizados para la obtención de información sobre las distintas capacidades y características de las personas, grupos hostiles o países, que también podrían afectar materialmente el logro de los objetivos.

La información sobre los objetivos de la inteligencia debes definirla claramente como preguntas específicas que traten sobre:

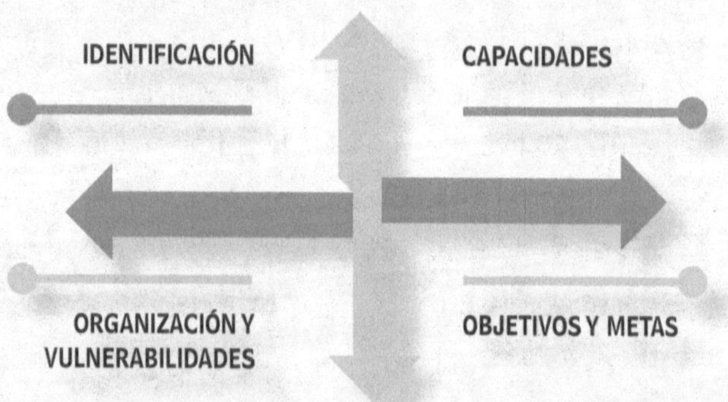

Los elementos esenciales de información y otros requerimientos debes distribuirlos a tus mandos para guiarlos en la preparación de planes de investigación y en la evaluación de la información, así como para habituarse con las necesidades y prioridades del responsable jerárquico.

Tal y como se pueden distribuir los elementos esenciales de información y otros requerimientos de inteligencia, también se pueden cancelar o modificar por órdenes superiores o por la determinación de nuevas prioridades.

ANÁLISIS

Con el análisis de la información generarás lo que se llama *inteligencia* y se logra mediante un proceso pensante con actividades analíticas y puede describirse por lo expresado por MacEachain en su texto Strategic Analysis de 2006 en donde menciona que: "La inteligencia es una profesión del conocimiento".

Debes saber procesar la información pues requiere ser: registrada, evaluada e interpretada, con las actividades siguientes:

Registrar

Ten presente que el registro consiste en la inscripción de la información obtenida y su clasificación en grupos, índices, catálogos, archivos, bancos de datos, gráficas, mapas, etc. Encontrarás un volumen amplio de información que requiere un registro meticuloso y estricto que evita la pérdida de información relevante.

También considera que es importante registrar la información para que la interpretación sea más sencilla y precisa. El registro inicia la preparación de informes de inteligencia al aglutinar toda la información disponible sobre un tema u óbice.

Los medios de registro deben ser los adecuados para manejar el volumen de información recibida y para servir a las necesidades de aquéllos que deben tener acceso a ella. Asimismo, los medios y técnicas de registro deben permitir la difusión oportuna de información y/o inteligencia.

Los registros especializados generalmente son para cada rama de la sección de inteligencia y para niveles superiores debiendo hacer un uso lo más intensivo posible de sistemas automatizados de procesamiento.

Medios de registro

Algunos medios de registro que puedes utilizar son los siguientes:

– Control diario: es un registro cronológico de actividades significativas que cubre un cierto período, comúnmente de 24 horas. Las anotaciones en el control diario deben reflejar:
- Remitente.
- Hora.
- Método de transmisión del mensaje.
- Situación, hecho o acción reportada.

– Mapas de localización: puedes elaborar un mapa de localización de personas o grupos hostiles que consiste en un detalle gráfico de sus ubicaciones y actividades principales, lo que facilita su localización y zona de influencia, para ello es necesario:

- Un mapa con símbolos convencionales.
- Agrupar los datos por categorías en marcas o colores diferentes.
- Es recomendable una sección amplificada del mapa para cubrir áreas con muchos datos, lo que permitirá mostrar detalles adicionales.

– Archivos de inteligencia: para acceder fácilmente a la información se requieren archivos de los cuales los más empleados son:

- Archivo de diario con cada reporte o documento.
- El archivo de referencia de posible valor futuro con información que no tiene interés inmediato, sin embargo, puede ser útil en el futuro.

Evaluar

Para evaluar la información debes estimar su pertinencia, confiabilidad y exactitud. ¿En qué consisten estos criterios? [5]

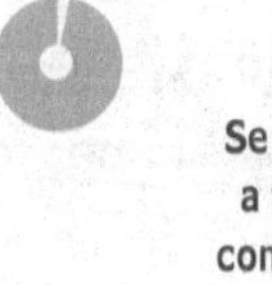

– Para evaluar la pertinencia debes definir específicamente si la información es:

- Congruente con relación a los objetivos ya conocidos.
- Necesaria inmediatamente para su destinatario.
- De posible valor presente o futuro para quien va destinada.

– Para evaluar la confiabilidad las principales bases son:

- La experiencia previa.
- El entrenamiento y rendimiento (quien mantiene relación directa con la fuente de información es generalmente el que puede estimar mejor la confiabilidad).

---

5 Esta evaluación y su calificación emplea categorías que promovía la "United States Army School of the Americas" conocida como la Escuela de las Américas (se ubicó en Panamá y fue cerrada en el año 2000), las cuales se adaptaron para el presente texto.

– Para evaluar la exactitud puedes basarte en:

* La probabilidad de que haya sucedido el hecho.
* El contenido del reporte.
* La confirmación o comparación del reporte por fuentes o agencias diferentes.
* El acuerdo o desacuerdo del reporte con cualquier otra información.

Entre tu y el personal de niveles superiores puede suceder alguna diferencia en la evaluación de la exactitud de la información porque los niveles más altos tienen más fuentes de información e inteligencia y, por lo tanto, poseen mayor oportunidad de confirmar, corroborar o refutar la exactitud de los datos reportados.

Calificar la evaluación

Debes calificar la información obtenida y para ello utiliza un código que pueden ser de letras o distintos números.

– La pertinencia puede ser calificada así:

I. Información congruente con relación a los factores ya conocidos.
II. Información necesaria inmediatamente para su destinatario.
III. Información de posible valor presente o futuro para quien va destinada.

– Las calificaciones de la confiabilidad de fuentes y agencias pueden ser:

A. Completamente confiable.

B. Usualmente confiable.

C. Algo confiable.

D. Usualmente no confiable.

E. No confiable.

F. La confiabilidad no puede ser evaluada.

– ¿Qué quiere decir esto?:

* La calificación "A" significa larga experiencia y extensos antecedentes con el tipo de información reportada.

* La calificación "B" indica una agencia o fuente de integridad conocida.

* "C" es una calificación usada cuando es de poca integridad al reportar información.

* "D" se usa cuando reporta información alternada entre falsa y cierta.

* "E" porque tiene antecedentes de reportar información falsa.

* "F" se emplea cuando no existen bases adecuadas para estimar la confiabilidad.

– La calificación de la exactitud de la información se puede calificar de la manera siguiente:

1. Confirmada por otras fuentes.

2. Probablemente cierta.

3. Posiblemente cierta.

4. Dudosamente cierta.

5. Improbable.

6. La certeza no puede ser calificada.

– ¿Qué significado tiene lo anterior?:

- Confirmada por otras fuentes: información de fuente distinta a la reportada originalmente por otra fuente y que coincide en contenido.
- Probablemente cierta: información que confirma partes esenciales de información ya disponible. Se descarta la 1 y es información que no proviene de una fuente que ya reportó la misma información previamente.
- Posiblemente cierta: información que revela hechos de los cuales no hay antecedentes, pero son compatibles con comportamientos previamente observados.
- Dudosamente cierta: información sin confirmar que contradice algo ya conocido, en tanto no es probada por datos disponibles.
- Improbable: información sin confirmar por datos previos que contradice algo ya confiable.
- La certeza no puede ser calificada: no hay bases para establecer la escala de 1 a 5.

Debes comprender que la numeración de 1 a 6 no representa grados progresivos de exactitud. Un ejemplo de cómo una información es calificada puede ser así:

Pertinencia III	Confiabilidad C	Exactitud 6
Información de posible valor presente o futuro para quien va destinada	Algo confiable	La certeza no puede ser calificada

Aunque se usan series de las letras y de números para indicar la calificación de la información, ellos son independientes. Ejemplos: una agencia completamente confiable puede reportar información obtenida de una fuente completamente confiable, que con base en otra información se juzga como improbable, en tal caso la evaluación de la información es A-5. Una fuente conocida como no confiable puede producir información que es confirmada por otras fuentes y es de exactitud no dudosa, en tal caso el reporte es evaluado con F-6, puede ser exacto y no debe ser descartado arbitrariamente.

**Con tres casos diferentes
verás ejemplos a continuación:**

VEHÍCULO EN TRÁNSITO CARRETERO

La información que recibes es la siguiente:

- El Sistema de Posicionamiento Global de un vehículo marca que se detuvo.
- La empresa de monitoreo reporta al jefe de seguridad de la empresa que hay un vehículo detenido.
- El conductor de un vehículo reporta código de alarma vía teléfono móvil.

La calificación la puedes expresar así:

Califica-ción:	Pertinencia II	Confiabilidad B	Exactitud 1
Informa-ción:	El GPS de un vehículo se detuvo	Empresa de monitoreo reporta al jefe de seguridad de la empresa que hay un vehículo detenido	El conductor de un vehículo reporta código de alarma vía teléfono móvil

Tienes la información siguiente:

- Clonar la mensajería instantánea de los teléfonos móviles es ahora posible.
- La mensajería instantánea de tu teléfono no funciona.
- Un contacto personal te pregunta vía telefónica si le estas pidiendo dinero prestado.

Puedes calificar la información así:

Califica-ción:	Pertinencia II	Confiabilidad A	Exactitud 1
Informa-ción:	Clonar mensajería instantánea de los teléfonos móviles	La mensajería instantánea de tu teléfono no funciona	Un contacto personal te pregunta vía telefónica si le estas pidiendo dinero prestado

PANDEMIA DE CORONAVIRUS

Conoces la información siguiente:

- En el libro "Los Futuros de la Salud en México 2050" de Enrique Ruelas y Antonio Alonso, publicado en 2010 por el Consejo de Salubridad General, en la página 383 se lee: "… hacia el año 2020 se introduce en México un nuevo virus de alta letalidad para el que no existe cura conocida. A pesar de las restricciones en su transmisión (muy corta vida en condiciones ambientales normales), se estima que a causa de él fallece cerca de medio millón de personas".
- El 31 de diciembre de 2019 la Comisión Municipal de Salud de Wuhan notificó de casos de neumonía en la ciudad, luego determinó que la causa fue un nuevo coronavirus.

- El 27 de febrero de 2020 se detectó en México el primer caso de COVID-19, informó la Secretaría de Salud.

Podrías calificarla así:

Calificación:	Pertinencia III	Confiabilidad B	Exactitud 1
Información:	"... hacia el año 2020 se introduce en México un nuevo virus de alta letalidad para el que no existe cura conocida"	La Comisión Municipal de Salud de Wuhan notificó de casos de neumonía en la ciudad	Se detectó en México el primer caso de CO-VID-19, informó la Secretaría de Salud

Interpretar

Hasta aquí has leído sobre el proceso de la inteligencia con el tema de la información, ahora comprenderás cómo ella se convierte en inteligencia mediante la interpretación. Esta fase consiste en tres pasos:

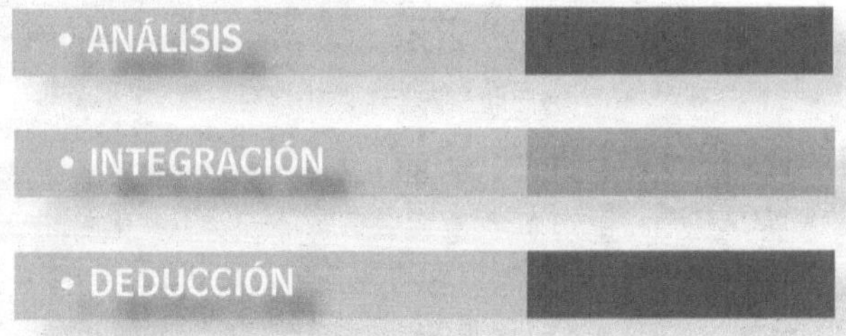

– ¿Cómo se hace el análisis?:

Harás la discriminación y clasificación de la información evaluada para aislar elementos significativos con respecto a los objetivos y operativos específicos. El análisis requiere del juicio imparcial y un conocimiento general de los operativos, así como la comprensión amplia de las características y condiciones políticas, económicas y sociales en el ámbito nacional, regional o local de un país o mundial.

– ¿Qué debes hacer en la integración?:

Puedes combinar los elementos aislados en el análisis con otra información conocida para formar un cuadro lógico o hipotético de las actividades de las personas, grupos hostiles o países.

En esta fase puedes formular más de una hipótesis con base en la inteligencia existente y el desarrollo de ella requiere el mismo juicio y conocimientos de respaldo que son esenciales para hacer un buen análisis. Al formular las hipótesis debes evitar opiniones preconcebidas, así como hipótesis basadas en lo que harías si estuvieras a la cabeza del objetivo de inteligencia.

Después de que son formuladas todas las hipótesis, pasan a ser analizadas y aprobadas. Probar una hipótesis incluye el determinar las indicaciones que deben existir si es válida. La integración puede ser un elemento de juicio momentáneo o puede ser un proceso largo que requiere de la obtención de más información.

– ¿Cómo vas a hacer la deducción?:

Deducirás el significado de las hipótesis desarrolladas al responder a la pregunta ¿qué significa esta información con relación a la situación del objetivo de inteligencia? Determinarás el significado de la información y su relación con la información ya conocida, deduciendo los probables significados de la información y su efecto sobre determinados intereses. La respuesta resultante proporciona una conclusión útil que puede servir como base para determinar futuros cursos de acción del objetivo y para conservar al corriente la producción de inteligencia.

La información evaluada y la inteligencia producida previamente se analiza como tal y cada parte componente es juzgada con relación a hechos conocidos, así como el total.

Una vez que lo anterior se ha logrado, el efecto de la información sobre el cuadro actual de la inteligencia es establecido: la información se ha convertido en inteligencia.

Por lo tanto, recuerda la noción que ya leíste en este texto sobre la "Triple I":

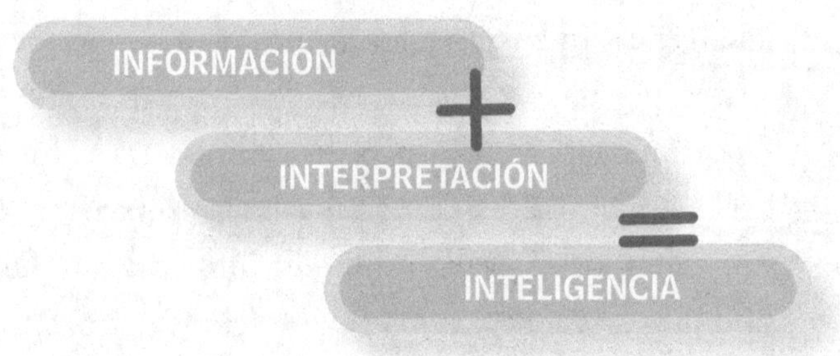

DIFUSIÓN

Es conveniente que entiendas a la difusión como la comunicación programada de la información ya transformada en inteligencia a las agencias o personas usuarias que la emplean.

El propósito de esta misión es el mismo para todos, teniendo variaciones de cobertura, volumen, frecuencia, así como en las formas de difundir la información o la inteligencia, las cuales pueden ser puntuales o inmediatas.

Su finalidad puede describirse así: "... y como conclusión, el aprovechamiento de los resultados de la gestión del conocimiento forma parte de los retos que la inteligencia está intentando asumir hoy en día." (Navarro, 2004, p. 65).

Criterios de la difusión

– Debes comprender los criterios generales para la difusión de la inteligencia, principalmente los siguientes:

- Pertinencia: uno de los fines de la difusión consiste en asegurar que los usuarios tengan la misma información e inteligencia en cuanto a los grupos hostiles internos y externos, personas o países.
- Oportunidad: la inteligencia debe difundirse en forma vertical y horizontal, así como a niveles jerárquicos superiores y subalternos. Es válido difundir información que no ha sido procesada, haciendo el aviso del caso y sometiéndose al proceso de análisis posteriormente.
- Efectividad: la difusión de inteligencia es juzgada en función de lo útil que resulta para cada destinatario, ya que debe ser difundida a tiempo antes de que la situación cambie y debe ser presentada en forma tal que los receptores puedan percibir fácilmente todos los detalles de interés.

Tipos de informes

– Por el ritmo de entrega la inteligencia se difunde considerando la necesidad de disponer de ella por la inmediatez y periodicidad. Algunos de los tipos de informes que podrás realizar se describen a continuación:

- Informes "relámpago": utilizados para difundir información o inteligencia de alta prioridad que deberá llegar al receptor sin contratiempos. Tienen prioridad en la difusión porque usualmente son de naturaleza urgente y deberán ser transmitidos casi continuamente sin evaluación o interpretación y están sujetos a confirmación.

- Corte de información: es periódico y contiene un resumen de la información de inteligencia prioritaria cubriendo un lapso determinado. Aunque la extensión de un período de tiempo puede variar de acuerdo con la decisión del responsable jerárquico, normalmente es preparado varias veces al día. El Corte es muy útil como auxiliar en el seguimiento de cualquier situación en curso.

- Panorama: se trata de un resumen de inteligencia que cubre un período más largo que el corte de información. Es preparado por el personal de los niveles más altos en la estructura. El período del documento es determinado por el responsable jerárquico.

- Extracto de información: es un informe sintético de los hechos registrados en el Panorama. Habitualmente es preparado por niveles superiores en el servicio de inteligencia, cubre un período de un día y va dirigido a los más altos niveles de la estructura de gobierno.

- Boletín: informe que cumple con el propósito de difundir información específica e inteligencia a las unidades inferiores, sobre las condiciones y capacidades de los objetivos a investigar.

- Registros: integran antecedentes, membresía, así como datos biográficos de los líderes de países o de los grupos hostiles. Los registros se pueden ir ampliando para contener estructura, organización interna, penetración, estrategias, tácticas, área de influencia y otros elementos.

- Informe monográfico de inteligencia: se refiere a uno o más objetivos de inteligencia que se hayan seleccionado o puede contener también todos los datos de inteligencia recabados dentro de un período extenso.
- Interrogatorios, traducciones e interpretación de informes: reportan en su totalidad los resultados de interrogatorios de uno o más individuos y se complementan con traducciones, extractos o resúmenes de documentos de las personas. La información de valor inmediato debe ser difundida al personal de contrainteligencia.
- Resumen semanal de inteligencia: sirve para dar directrices que son de ayuda para planear operaciones y para procesar información actual. Este informe debe ser remitido a mandos superiores.
- Estimado de situación: se utiliza en la planeación de estrategias y tácticas hipotéticas sobre las capacidades de países y grupos hostiles. Hace referencia a una situación específica al describir una acción en un área determinada en un tiempo específico. A veces de este informe se desprenden órdenes de operaciones.
- Informes de inteligencia: empleados para difundir el conocimiento concerniente a las condiciones y capacidades de un grupo hostil o país. Un informe de inteligencia es enviado sin una periodicidad determinada. Debe ser difundido a los altos niveles directivos del gobierno por los medios más rápidos y apropiados.
- Evaluaciones de inteligencia: son análisis detallados de la información sobre países y grupos hostiles que puedan afectar el cumplimiento de un operativo específico. Incluye la determinación de la influencia de una situación no hostil en el área de operaciones y de los objetivos y su vulnerabilidad, así como las acciones que se adoptarán.

Las conclusiones pueden determinar nuevos objetivos, los obsoletos se descartan y consecutivamente se puede determinar la probabilidad de un curso de acción particular de los objetivos.

PROTEGE TU MISIÓN

"Recuerde que la tormenta es una buena oportunidad
para que el pino y el ciprés
demuestren su fuerza y su estabilidad",
Ho Chí Minh

- MEDIDAS
- AGENCIAS
- OPERACIONES
- PLANEACIÓN
- CÁLCULOS

Es conveniente que comprendas a la contrainteligencia como la seguridad del proceso de la inteligencia y que es imprescindible para el éxito de cualquier operación o fase de ella.

Existen muchas definiciones del término, una de ellas de corte legal nos dice qué es la contrainteligencia: "Artículo 32.- Para los efectos de esta Ley se entiende por contrainteligencia a las medidas de protección de las instancias en contra de actos lesivos, así como las acciones orientadas a disuadir o contrarrestar su comisión." (H. Congreso de La Unión 2005).

La eficacia de las operaciones depende no sólo de la inteligencia confiable, sino también de una seguridad eficaz que oculte información e inteligencia a los grupos hostiles y otros servicios de inteligencia, así como la disminución de la efectividad de sus acciones contra los fines de tu actividad en la materia.

De esta forma puedes resumir que la contrainteligencia es el elemento que reduce los riesgos al interior de un servicio de inteligencia.

MEDIDAS

– La contrainteligencia se divide en dos tipos:

– ¿Qué se entiende por cada una de ellas?:

* Contrainteligencia pasiva: medidas destinadas a ocultar información e inteligencia a intrusos de cualquier naturaleza. Las medidas incluyen procedimientos como la disciplina, seguridad de documentos y material clasificado, claves de seguridad, control de movimientos, censura, encubrimiento y uso de medios electrónicos ocultos.
* Contrainteligencia activa: medidas que tienen el propósito de bloquear los intentos de los factores hostiles para obtener información o cometer actos de sabotaje o subversión; incluyen contra reconocimiento, contra espionaje, contra sabotaje, contra subversión y acciones de engaño. Los procedimientos de contrainteligencia activa pueden variar con cada operativo específico.

AGENCIAS

Todas las áreas de un servicio de inteligencia deben implementar medidas de contrainteligencia apropiadas para conservar sus actividades, localización, disposiciones e intenciones, en contra de cualquier esfuerzo para conocerlas por los grupos hostiles, personas o países. En las tareas de contrainteligencia todos los niveles directivos y subordinados deben desarrollar los aspectos de contrainteligencia propios de su ámbito.

A su vez, los especialistas en contrainteligencia son asignados para proveer a los encargados de inteligencia del apoyo técnico en el desarrollo de los operativos específicos. Estas tareas dependen de la habilidad y experiencia para llevar a cabo las medidas de seguridad, encubrimiento, vigilancia y control.

OPERACIONES

Es recomendable que sepas que en términos generales las operaciones de contrainteligencia pueden ser la:

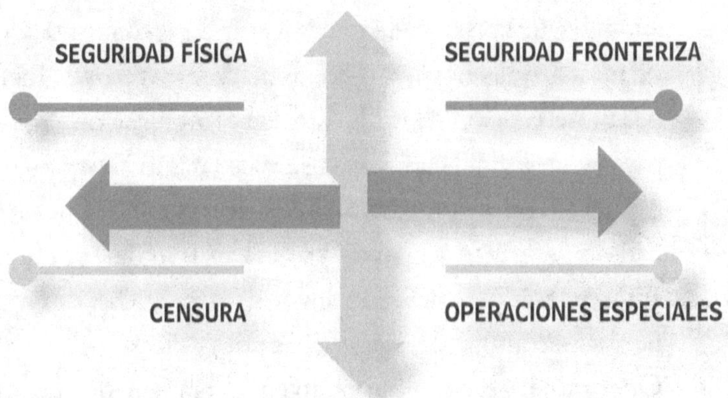

Estas cuarto misiones son conducidas por el personal especializado en contrainteligencia:

- Seguridad física o de protección a instalaciones: las operaciones incluyen contrainteligencia pasiva y activa para protegerse del espionaje, observación enemiga, subversión, sabotaje o sorpresa. Esto puede incluir: investigaciones al personal e investigaciones de todo tipo de quejas; inspecciones; seguridad a los sistemas informáticos y a la planta física; manejo y control del archivo central del personal de inteligencia y programas de seguridad interna para el personal de inteligencia.

- Seguridad fronteriza: consiste en aplicar medidas de control de puertos, aeropuertos, fronteras, viajeros internacionales y todo aquello que se refiera al escrutinio, control y seguimiento de personas legalmente autorizadas a cruzar las fronteras. Estas operaciones tienden a convertirse en actividades de seguridad física o de protección.

- Censura: consiste en el examen y control de todo tipo de comunicaciones con el fin de prevenir que la información e inteligencia clasificada pueda llegar a personas no autorizadas, grupos hostiles o gobierno de otros países. Incluye la intercepción de los medios de comunicación propios para evitar infidencias. La censura en cuanto al personal se basa en su selección para prevenir de origen toda posibilidad de deslealtad y se hace uso exhaustivo del estudio de antecedentes personales, exámenes psicológicos, de entorno socioeconómico y de pruebas poligráficas.

- Operaciones especiales: incluyen el empleo de medidas especializadas de contrainteligencia activa y pasiva, en la conducción de operaciones secretas en contra de gobierno de otros países, actividades de inteligencia de grupos y personas hostiles. "En cuanto a la tipología de operaciones de contrainteligencia de carácter militar —a diferencia de las operaciones de inteligencia— estas incluyen medidas tomadas por una unidad para protegerse por sí misma del espionaje, la observación enemiga, la subversión, el sabotaje y la sorpresa en las acciones de protección especial de información militar y equipo clasificado, asegurar la seguridad de trasmisiones o la seguridad en el movimiento de tropas y la contrasubversión dentro de las fuerzas militares." (Díaz 2016, p. 66).

Es importante tener en mente que una función del encargado de las operaciones de contrainteligencia consiste en ejecutar y supervisar medidas de contrainteligencia dirigidas por órganos de alto rango jerárquico.

A nivel inferior se deben aplicar las medidas pasivas para evitar que intrusos puedan obtener información, sobre la aplicación de las medidas activas empleadas para neutralizar los esfuerzos de los factores hostiles, para despistarlos o guiarlos erróneamente.

El encargado de las operaciones de inteligencia desarrolla no sólo actividades para proteger al servicio de inteligencia, sino también para estimar el esfuerzo de personas, grupos hostiles o países en cuanto a la importancia de sus operaciones y estrategias de contrainteligencia.

PLANEACIÓN

Si vas a realizar tarea de planeación debes saber que un plan de contrainteligencia es una lista sistemática de medidas que han de ser llevadas a cabo por los responsables de ejecutar cada una de las misiones.

La planeación debe desarrollar métodos para evitar que personas, grupos hostiles o agentes de otros servicios de inteligencia, puedan enterarse de las disposiciones y actividades de contrainteligencia y para ello, debes saber las capacidades de los hostiles para interceptar la información.

CÁLCULOS

Por último, se conoce como cálculos de contrainteligencia a la evaluación de las capacidades de inteligencia de los grupos hostiles y países, para determinar la probabilidad de su actuación en contra de la inteligencia propia.

IDEAS FINALES Y CONSEJOS

- ¿QUÉ NO ES LA INTELIGENCIA?
- QUE INDICA LA PRÁCTICA
- LO QUE DICEN LOS CONOCEDORES
- RECOMIENDO

¿QUÉ NO ES LA INTELIGENCIA?

Si has llegado hasta aquí es porque leíste tus primeras nociones de lo que es la inteligencia, el objetivo de tu misión y por qué protegerla, ahora leerás algunas ideas de lo qué no es esta actividad para no confundirla con otras prácticas.

Primeramente, te diré que la inteligencia no es igual a la ciencia; en la actualidad en las conversaciones cotidianas se emplea como sinónimo de estudio a la palabra ciencia y se cree que todo lo que se estudia en una institución educativa formal es conocimiento científico; las cosas no son realmente de esta manera.

Recordemos que el método científico exige de información totalmente confiable y contrastada, así como tiempo para comprobar o desaprobar las hipótesis. Estas condiciones generalmente no se encuentran en los servicios de inteligencia, por el contrario, es frecuente que se demande con suma rapidez de algún tipo de información, así como de los diversos productos que se generan en el proceso de la inteligencia.

No obstante, el que lo anterior ocurra no quiere decir que la inteligencia prescinda del conocimiento científico, porque cada vez es más frecuente que las áreas de inteligencia empleen este conocimiento para sus actividades cotidianas.

Por todo lo anterior, podemos resumir que la inteligencia:

En cuanto a:	No es:
Entendimiento	• La actividad que sabe de todo.
Perfección	• Razonamiento con base en información parcial, contradictoria y con gran incertidumbre.
Suficiencia	• Acopio de información para desvalrzarla con posterioridad.
Pasado	• Sinónimo de la historia.

Porvenir	• Adivinación de sucesos ulteriores aunque si estudia el futuro.
Documentación	• Archivo general aunque si archiva temáticamente.
Actividad	• Sinónimo de espionaje que desacredita a la contrainteligencia.

QUE INDICA LA PRÁCTICA

Es conveniente que tengas principios para esta actividad, pero no trates de aprenderlos ahora ¡descúbrelos en ti mismo!, pues el ser humano forma sus principios en la edad temprana y los practica a lo largo de la vida.

Aunque el medio en que se desenvuelven las actividades incide en el comportamiento de los agentes de inteligencia y se complementa esto con las normas, las conductas en las actividades requieren de algunos principios que se consolidarán como convicciones.

Reflexiona sobre tu conducta para que identifiques si practicas los principios siguientes:

–¿Practicas los principios anteriores?, ¿qué entiendes por cada tema?:

- Colaboración: quienes emiten órdenes operativas, así como quienes tienen responsabilidad en el desarrollo de los operativos deben trabajar en equipo, ¿estás de acuerdo?, ya que el éxito de cada operativo conformará la integralidad de la inteligencia, desarrollo y uso. De esta forma es posible que se obtenga el conocimiento pleno de las capacidades y vulnerabilidades de los factores hostiles internos y externos, que real o potencialmente representen un riesgo.

- Utilidad: una toma de decisiones efectiva debe contar con el entendimiento completo del problema, para que de esta forma logre servir al objetivo de inteligencia, ¿sabes distinguir lo qué es útil?

- Oportunidad: la inteligencia debe llegar a tiempo al usuario, la observación de este principio en ocasiones puede sacrificar algo de exactitud e integralidad, ¿sabes hacer las cosas a tiempo? Cuando esto suceda el usuario debe ser informado respecto de la pérdida parcial de la información o de su exactitud.

- Precisión: en la generación de inteligencia debes privilegiar la precisión de la información y el conocimiento de algo sobre la exhaustividad, ¿divagas con las ideas o sabes ser concreto en tus pensamientos?

- Flexibilidad: las operaciones de inteligencia son más efectivas con procesamientos comunes de información, no obstante, para requerimientos inesperados se puede ser flexible, ¿puedes adaptarte rápidamente? Lo anterior no debe cambiar el procesamiento para llenar requerimientos que una situación pudiera necesitar, porque generalmente ese intento fracasa.

- Imaginación: limitar la iniciativa no es conveniente, el personal de un servicio de inteligencia puede emplear recursos propios para apoyar la obtención y procesamiento de la información, ¿eres creativo?

- Seguridad: ¿eres discreto? se debe negar la información al personal no autorizado sobre las operaciones de inteligencia, las fuentes de información y el producto de ella.

- Propiedad: la información y el conocimiento pertenecen a la institución, no a la persona que los maneja, ¿eres capaza de cumplir esto?

LO QUE DICEN LOS CONOCEDORES

Diversas personas cometan sobre las áreas de inteligencia algunas verdades ya comprobadas (Wantanabe, sin fecha):

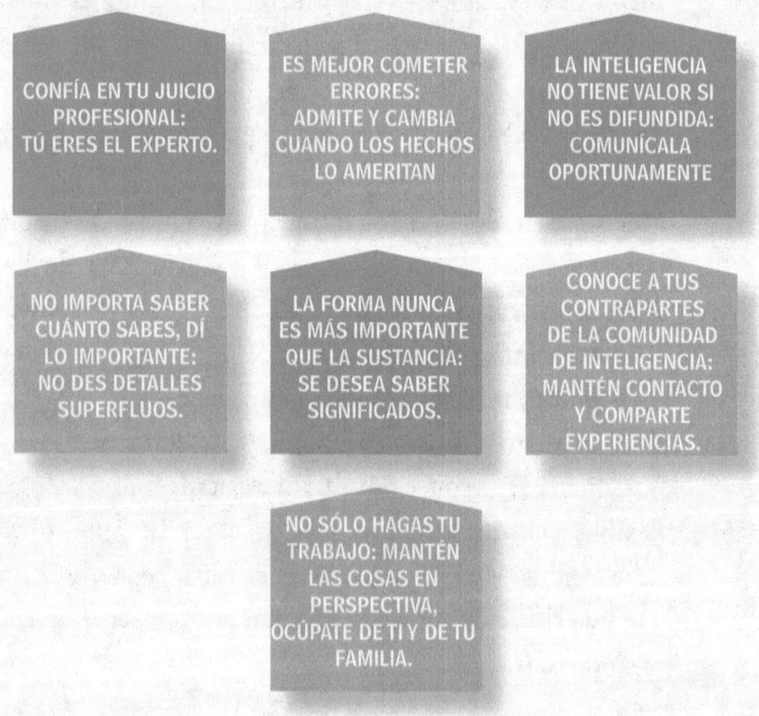

RECOMIENDO

Puedes aprender algo de lo que a continuación leerás. La actitud que te facilitará ser apto en las pruebas de ingreso a las áreas de inteligencia es la de ser congruente entre lo que piensas y lo que dices, pues a las áreas de inteligencia entran personas íntegras, no se incorporan santos, si no consigues entrar a un área de inteligencia no lo tomes tan en serio, hay otros campos en donde puedes desempeñar tus actividades para apoyar este tipo de actividades.

Si ya formas parte de las labores de inteligencia aprende de los textos que te puedan facilitar el trabajo en específico que vas a realizar. Hay libros sobre el análisis, la investigación o la contrainteligencia y son relativamente fáciles de conseguir.

No converses ni escribas para extraños los temas de tu labor, porque nunca sabrás con exactitud que se puede hacer con lo que digas o escribas; recuerda que nada es lo que parece. Esto no implica que seas paranoico, sólo discreto y atento a lo que sucede en el medio ambiente.

La información que conozcas generalmente es de naturaleza compartimentada, cada uno sabe lo suyo por lo que los compañeros de trabajo de otras áreas no tienen por qué conocer lo que haces si no está autorizado por un mando superior.

Si ya estás en un área de inteligencia siéntete contento por todo lo que haces, porque estás trabajando para diversos fines o un fin superior, que puedes identificar de momento o con el paso del tiempo lo descubrirás.

Puedes hacer amigos en las áreas de inteligencia y al dejar la actividad contarás con gente de confianza que sabrá dónde te has desempeñado. Te podrás enfrentar a la disyuntiva de ir a prestar tus servicios a otras tareas o seguir un largo período en esta actividad, finalmente la decisión será tuya y la que tomes terminará por satisfacerte.

La cultura de seguridad y de inteligencia es diferenciada en cada país, por lo que espero que este texto contribuya a fortalecer en algo esa cultura en ti lector y en donde exista poco desarrollo de ella.

Por último, se agradecido con las personas que te ayuden, por ello ocupo estas últimas líneas para agradecer la amistad y el apoyo de quienes tienen experiencia en la inteligencia y, en especial, agradezco mucho a Magdalena y a Eduardo por sus consejos y opiniones editoriales, así como a Daniela por su creatividad.

El presente texto empezó a escribirse en la Ciudad de México y se concluyó en Tepoztlán en octubre de 2023.

https://operacionseguridad.com/

BIBLIOGRAFÍA

ARELLANO, D., (2004). *Gestión estratégica para el sector público*. México: Fondo de Cultura Económica.

ARREOLA, A., (2015). *Ciberespionaje, la puerta al mundo virtual de los estados e individuos*. México: Siglo XXI Editores.

DÍAZ, A. (2016). *Conceptos fundamentales de inteligencia*. Tirant Lo Blanch.

NAVARRO, D. (2004). El ciclo de inteligencia y sus límites. *Cuadernos constitucionales de la cátedra Fadrique Furió Ceriol*, (48), 51-65.

H. Congreso de la Unión, C. d. D., (2005). Ley de Seguridad Nacional [en línea]. *https://www.diputados.gob.mx*. [Consultado el 19 de septiembre de 2023]. Disponible en: https://www.diputados.gob.mx/LeyesBiblio/pdf/LSN.pdf

KENT, S., (1948). Inteligencia Estratégica, para la política mundial norteamericana [en línea]. *https://www.economiapersonal.com.ar*. [Consultado el 18 de septiembre de 2023]. Disponible en: https://www.economiapersonal.com.ar/wp-content/uploads/2018/07/Inteligencia-Estrategica-_-Sherman-Kent.pdf

MACEACHAIN, D., (2006). Strategic Analysis. En: *Transforming U. S. Intelligence*. Washington D. C.: Georgetown University Press.

SHULSKY, A., (1985). [Guerra Silenciosa: Comprensión del Mundo de la Inteligencia] [Trabajo académico]. Washington, D. C.

TZU, S. (1998). *El arte de la guerra* (11a ed.). Colofón, S. A.

THIAGO, J., (1991). Seguridad Nacional, Poder Nacional y Desarrollo [en línea]. *https://docplayer.es/*. [Consultado el 25 de septiembre de 2023]. Disponible en: https://docplayer.es/71886114-Seguridad-nacional-poder-nacional-y-desarrollo-jose-thiago-cl-tra-abril-1991.html

WANTANABE, F., (sin fecha). Quince axiomas del analista de inteligencia [en línea]. *https://www.usa.gov/es* [Consultado el 17 de diciembre de 1999]. Disponible en: https://www.usa.gov/es/agencias/agencia-central-de-inteligencia

*

* *

INTELIGENCIA
TODO ES POSIBLE
CONSEJOS
PARA PRINCIPIANTES

Operación Seguridad
Primera edición: 2023

Se utilizaron las tipografías
Stempel Garamond 11/16 en el cuerpo
y sus familias para las cabezas
de texto y Avenir,
para los demás elementos.

Se terminó
en otoño del 2023
en:

La edición en papel
es bajo demanda y descarga de archivos
para leerse en dispositivos electrónicos.
bernechea@gmail.com